Untot
Exekution und Auferstehung der Anne Greene

Nihil verum nisi mors

Frank Patalong

Untot
Exekution und Auferstehung der Anne Greene

Bibliografische Information der Deutschen Nationalbibliothek:
Die Deutsche Nationalbibliothek verzeichnet diese Publikation in der
Deutschen Nationalbibliografie; detaillierte bibliografische Daten sind im
Internet über http://dnb.dnb.de abrufbar.

Illustrationen: wie angegeben
„Shorts": Copyright Frank Patalong
Titel-Illustration: W. Burdet: „A Wonder of Wonders", 1651
Herstellung und Verlag: BoD – Books on Demand, Norderstedt

ISBN: 978-3-748-15051-0

www.patalong.info

Teil 1: Die Geschichte eines Beinahe-Justizmordes

Steeple Barton im englischen Oxfordshire ist mit knapp
1500 Einwohnern bis heute nicht mehr als ein großes Dorf.
Als dort im Jahr 1628 ein Mädchen namens Anne Greene
geboren wurde, war es ein verschlafenes Nest mit wenigen
Dutzend Einwohnern.

Niemand konnte ahnen, dass dieses Kind armer Leute
wenige Jahre später zu internationaler Berühmtheit
kommen sollte. Kinder in Schulen schrieben Aufsätze und
Spottgedichte über ihren Fall. Selbst in Gelehrtenzirkeln
und an Europas Fürstenhäusern sprach man darüber.

Ihr Name stand für einen sozialen Skandal, mehr noch aber
für eine ans wunderbare grenzende Rettung, die überall in
der westlichen Welt unerwartet weitreichende
Veränderungen einleiten sollte. Anne Greene wurde
bekannt als die Exekutierte, die von den Toten auferstand.

Greenes Untot wirkte bis in die Politik hinein, veränderte
die Medizin und löste eine eineinhalb Jahrhunderte
andauernde Massenhysterie aus: Die hysterische Angst
davor, lebendig begraben zu werden.

Das alles erkennt man allerdings erst in Rückschau.
Zunächst einmal ist Anne Greenes Geschichte eine

zeittypisch zynische Farce: Eine Geschichte über Macht und ihren Missbrauch.

Die Reads und die Greenes: manche sind gleicher

Die Geschichte beginnt zu einer Zeit, als man im ach so zivilisierten Europa im Zweifelsfall noch eher das Opfer eines Verbrechens statt den Täter hängte, wenn man damit einen Skandal für die Reichen und Einflussreichen vermeiden konnte.

Annes Familie war weder das eine, noch das andere. Anne kam aus armen, kleinbäuerlichen Verhältnissen, viel mehr weiß man nicht über die Greenes. Damit wurde sie am unteren Ende der sozialen Trittordnung geboren – denn auch, wenn es in England seit circa 1500 keine Leibeigenschaft mehr gab, konnten Arme kaum darauf rechnen, vor dem Gesetz mit Bürgern höherer Stände gleichbehandelt zu werden.

England war zwar schon seit der Magna Carta von 1215 keine lupenreine, absolutistische Monarchie mehr. Seit 1295 wurde die Macht des Königs durch ein Parlament begrenzt, in dem neben Adeligen auch vermeintlich "normale" Bürger vertreten waren. In Wahrheit herrschte im Land nun aber neben dem Adel ein kaum minder standesbewusster Geldadel: Wenige besaßen fast alles, und sehr Viele besaßen weiterhin nichts. Die Teilhabe an der Macht aber war besitzgebunden.

So war England in Wahrheit noch sehr weit entfernt von einer parlamentarischen Demokratie, die diesen Namen wirklich verdient hätte. Das Wahlrecht war (in den meisten

Aspekten sogar noch bis 1911) an Bedingungen geknüpft. Wer wählen oder gewählt werden wollte, musste

- ein Mann sein
- über Land- und Immobilienbesitz verfügen und
- ein vorgegebenes Mindest-Grundvermögen nachweisen.

Zu Greenes Zeiten konzentrierte sich die Macht also auf eine kleine elitäre, reiche und männliche Gruppe. Eine winzige Reichenkaste regierte, während die breite Mehrheit der Bevölkerung weder Macht noch Lobby besaß. So änderte die Abschaffung der Leibeigenschaft kaum etwas an der totalen Abhängigkeit gerade der armen Landbevölkerung von ihren "Landlords": wer nichts hatte, galt auch nichts.

In Steeple Barton galt die Familie der Reads dagegen alles. Dass die junge Anne Greene als Magd in den Dienst von Sir Thomas Read genommen wurde, wird man wohl als Glück verbucht haben. Die Reads, die adeligen Herren des Herrschaftshauses im benachbarten Duns Tew, waren über Generationen die reichste und einflussreichste Familie der Region - faktisch regierte die Familie den Bezirk.

Sonderlich beliebt waren sie allerdings nicht. Für Thomas Read war Duns Tew nur eines von mehreren Besitztümern. Die Familie stand im Ruf, sie vor allem zu nutzen, ihren Reichtum zu mehren - zu Lasten der armen Landbevölkerung und ohne auf Nachbarn viel Rücksicht zu nehmen. In die lokale Geschichte von Duns Tew schrieben sich die Reads nicht zuletzt mit Nachbarschaftsstreitigkeiten ein. Es ist aktenkundig, dass die Familie mit mehreren vermögenden Nachbarn gerichtlich im Clinch lag.

Und doch: Die Reads waren Lokalgrößen, an denen man nicht vorbeikam. Bei ihnen Anstellung zu finden bedeutete, sich um die Sicherheit seiner Lohnzahlungen keine Sorgen machen zu müssen.

Man läuft die sechs Kilometer von Steeple Barton nach Duns Tew in wenig mehr als einer Stunde. Für Anne Greene war es eine Reise, die sie ihrer Familie weitgehend entzog und dem Willen ihrer Herren unterstellte. Dienstbotin war ein Job für ein Leben - in relativer sozialer Sicherheit, aber auch in totaler Abhängigkeit. Wie weit das gehen konnte, sollte Greene bald erfahren.

Denn als die junge Frau 22 Jahre alt war, machte sich der erst 17-jährige Geoffrey Read über sie her, der Enkel des Hausherrn. Es ist nicht ganz klar, ob das eine Vergewaltigung im Sinne körperlicher Überwältigung gegen ihren aktiven Widerstand war oder eine zu der Zeit sicher nicht seltene, rücksichtslose Nötigung, ein Missbrauch des erheblichen Machtgefälles: Eine der glaubwürdigen Quellen spricht von "Verführung" oder "Überredung" - was auch immer das Mitte des 17. Jahrhunderts zwischen einem Adligen und einer Dienerin auch geheißen haben mag.

Ein irgendwie geartetes Verhältnis der Beiden ergab sich aus der Episode jedenfalls nicht. Doch zumindest für die junge Frau hatte der Vorfall ein folgenreiches Nachspiel: Sie wurde schwanger.

Solche Dinge mögen im noch immer feudal geprägten England Mitte des 17. Jahrhunderts kaum selten gewesen sein. Peinlich waren sie trotzdem: Man bemühte sich, die

Namen der Täter aus solchen Skandalen herauszuhalten. Schuld, Sünde und Scham lagen bei der Schwangeren.

Im Jahr 1650 aber dürften die Reads als Vertreter des alten Establishments geradezu panisch bemüht gewesen sein, nicht ins Gerede zu geraten. Die unverheiratete Anne wurde ausgerechnet zu einer Zeit schwanger, als der alte Adel unter Druck stand wie nie zuvor. Die gesellschaftlichen Strukturen im Land wurden von neuen, religiös motivierten Eiferern erschüttert.

Hintergrund: Leben in Cromwells Gottesstaat

Denn nur ein Jahr zuvor hatte Oliver Cromwell, Kopf der mächtigen, fundamentalistisch-christlichen Puritanerbewegung, den amtierenden König hinrichten lassen.

Der Kopf von Charles I. rollte am 30. Januar 1649 – ein Ereignis, das den Machtwechsel symbolisierte: Cromwell und Konsorten verkündeten das Ende der Monarchie. Für eine Weile regierten nun Cromwells Ultra-Protestanten das Land. Sie stützten ihre Macht auf die religiös indoktrinierte, für ihre Zeit beispiellos durchgedrillte „New Model Army".

Vordergründig mündete Cromwells „Revolution" in eine Demokratie. Die aber verdiente ihren Namen nicht: Der Lordprotektor, wie er sich ab seiner Machtergreifung nannte, führte Krieg gegen das eigene Volk.

Zehn Prozent aller Briten starben in den Folgejahren einen gewaltsamen Tod. Prozentual gesehen war das der höchste Blutzoll der britischen Geschichte. Zum Vergleich: Im für Großbritannien extrem verlustreichen Ersten Weltkrieg starben rund zwei Prozent aller Briten, im Zweiten Weltkrieg 0,6 Prozent.

Als sich die Verhältnisse stabilisierten, fanden sich die Bewohner der britischen Inseln in einer religiös begründeten Militärdiktatur wieder, in der nicht zuletzt die Angst regierte. Cromwells Britannien war ein Gottesstaat, in dem die nahende Widerkehr des Heilandes und das Ende aller Tage gepredigt wurde, und in der jeder Andersgläubige um sein Leben bangen musste.

Thomas Read aber hatte ursprünglich zum königstreuen Lager gehört. Erst kurz vor der puritanischen Machtübernahme hatte er sich 1646 erfolgreich auf deren Seite retten können - er war somit eine Art frischer Überläufer.

Es rettete ihm und seiner Familie Stand, Besitz und möglicherweise das Leben. Auch das dürfte ihn aber kaum beliebter gemacht haben: Neider, Gegner und Feinde der Reads dürften deren Aktivitäten aufmerksam verfolgt haben. Man könnte also sagen, dass die Reads 1650 komfortabel, aber auf dünnem Eis lebten.

Als Anne Greenes Leibesfrucht zu wachsen begann, liefen die Puritaner gerade zur Hochform auf.

Oliver Cromwell zog im Versuch, die Katholiken der britischen Inseln auszurotten, mordend durch Schottland und Irland. Mindestens 20 Prozent der dortigen Bevölkerung fanden den Tod durch Cromwells Berufssoldaten.

Ins Visier der fundamentalistischen Protestanten gerieten aber nicht nur Katholiken und andere Andersgläubige: Auch politische Gegner und Menschen, die den moralischen Standards und religiösen Wahnideen der Puritaner nicht genügten, mussten um gesellschaftliche Stellung und Leben fürchten.

Oliver Crowell (Robert Walker, ca. 1649, National Portrait Gallery)

Natürlich hatte sich im Zuge des neuen, religiösen Fundamentalismus auch der Strafkatalog merklich verändert. Eine Schwangerschaft zu verheimlichen war strafbar. Ehebruch konnte mit dem Tod bestraft werden, und das galt dann allemal auch für Vergewaltigung, Unzucht oder gar Kindstötung. Keine gute Zeit also für eine außereheliche, möglicherweise sogar durch eine Vergewaltigung erzwungene Schwangerschaft - vor allem aus Perspektive des adligen Verursachers.

Denn die Puritaner waren auf eine perfide Methode gekommen, die verhindern sollte, dass nicht genehmes Verhalten ungesühnt blieb: Wer Kenntnis von einer Sünde hatte und es versäumte, diese zu melden und anzuzeigen, wurde im gleichen Maße bestraft wie der Sünder. Cromwells idealer neuer Tugendstaat stützte sich auf eine Pflicht zur Denunziation. „Weghören" war nun so strafbar wie Fluchen.

Cromwells Fundamental-Protestanten waren die Taliban, die Religionswächter und Schlächter ihrer Zeit. Puritaner waren besonders strenge Calvinisten - echte christliche Fundamentalisten, im Namen des Herrn zu jeder Gewalttat bereit und nicht unbedingt dafür bekannt, viel Toleranz für sündiges Verhalten zu besitzen.

Ihre Bestrafungen zogen sie mit einer heute psychopathisch wirkenden Konsequenz durch. Vor allem im Adel galt darum gerade in diesen ersten Jahren des Puritanismus die Devise: Ball flach halten, nicht negativ auffallen!

Im Fall Anne Greene machte das zunächst keine Mühe: Niemand bemerkte ihren Zustand - vielleicht noch nicht einmal sie selbst. Sie habe gar nicht begriffen, schwanger gewesen zu sein, behauptet eine Quelle. Möglich, dass ihr über Monate wirklich nicht klar war, dass sie ein Kind bekommen sollte - vielleicht aber verbarg sie die Schwangerschaft auch nur.

So oder so: Als "Frau von kräftiger Statur" beschrieben, wäre ihre Schwangerschaft zumindest in den ersten Monaten möglicherweise niemanden aufgefallen.

Doch an einem Tag Anfang November 1650 änderte sich das abrupt. Sie stand auf der Malztenne und wendete das keimende Getreide, eine höchst anstrengende Arbeit. Da setzten mit einem Mal ihre Wehen ein.

Das bestrafte Opfer

Anne lief ins Haus der Dienstboten. Dort ging alles offenbar sehr schnell. Gerade zwanzig Zentimeter maß das offensichtlich viel zu früh und - wie Greene später beteuerte - tot geborene Kind. Ihre erste Reaktion war vom Schock gezeichnet: Sie nahm den Säugling, versteckte ihn in einer Ecke des Waschraums und bedeckte ihn mit "Staub und Müll, der handlich lag".

Ihr nächster Weg führte sie zu einer anderen Dienstbotin, bei der sie sich hysterisch ausweinte. Dann soll sie das tote Kind hervorgeholt haben und schreiend und weinend ins Dienstbotenhaus zurückgelaufen sein.

Eine andere Version der Geschichte behauptet, das Kind sei ohne ihr Zutun gefunden worden. So oder so rief die Aufregung Sir Thomas Read nebst Gattin auf den Plan. Ihnen erzählte Greene, der Vater des Kindes sei ein

"Gentleman von hohem Stand". Eine Aussage, die den Reads offenbar genügte, die richtigen Schlüsse zu ziehen.

Ein Adliger, der eine Dienstmagd schwängert – unter normalen Umständen wäre das ein kleiner Skandal gewesen, den man innerhalb des Haushaltes diskret vertuscht und geregelt hätte. Nicht so im Fall Anne Greene, unfreiwillig Mutter eines tot geborenen Kindes in Zeiten puritanischer Umwälzungen: Read reagierte ungewöhnlich drastisch und ließ die Dienstmagd einem Richter vorführen – also genau so, wie es die Pflicht zur Denunziation vorgab.

Der Richter befand die junge Frau zwar nicht des von Read unterstellten Kindsmordes, wohl aber der offensichtlichen Unzucht für schuldig - unverheiratet wie sie war. Greene wurde in Haft genommen.

Lang warten musste sie nicht, bis ihr der Prozess gemacht wurde. Die Verhandlung wurde knapp drei Wochen später abgewickelt, und auch das gnadenlose Urteil erfolgte umgehend: Anne Greene wurde zum Tod durch den Strang verurteilt.

Ein drakonisches, aus heutiger Sicht völlig irrsinniges Urteil, das nach Gefälligkeit unter Standesgenossen riecht: Es wirkt wie die "Entsorgung" einer lebenden Peinlichkeit, die der Welt nicht mehr erzählen sollte, als sie bereits hatte.

Aus dem Leben, aus dem Sinn

Anne Greenes Exekution wurde für den 14. Dezember 1650 angesetzt. Es gibt zwei inhaltlich leicht variierende, stilistisch und qualitativ aber krass unterschiedliche

Berichte über den Fall: Zum einen den reißerischen Bericht eines W. Burdet mit dem vielsagenden Titel "A Wonder of Wonders". Die zweite Auflage sollte später deutlich sachlicher, mit Fakten angereichert und als "Declaration from Oxford" vermarktet werden - ganz so, als berichte Burdet amtliche Wahrheit.

Die andere Quelle ist der Bericht eines "Gelehrten aus Oxford" namens Richard Watkins. Der bemühte sich in seinen "Newes from the Dead", auch die später angefertigten medizinischen Protokolle sowie die Umstände der Vorfälle um die Exekution der Anne Greene möglichst sachlich darzustellen.

Beide sind sich aber in der Schilderung der Hinrichtung einig. Die begann in der Morgendämmerung des 14. Dezember mit dem Singen eines Chorals. Vor der Exekution tadelte der stellvertretende Sheriff von Oxford, hier im Wortsinn als Vertreter der Exekutive anwesend, die Familie Read öffentlich für ihren Umgang mit dem Fall. Eine peinliche öffentliche Demütigung und ein Hinweis darauf, dass zumindest manchen Vertretern der Justiz bewusst war, dass die Schuldfrage in diesem Fall längst nicht so klar und eindeutig zu beantworten war, wie das Urteil glauben machte.

Beide Berichte schildern dann, dass auch Greene die Gelegenheit wahrnahm, am Galgen stehend noch einmal ihre Unschuld zu beteuern. Bei Watkins in einfachen, hilflosen Worten, bei Burdet mit einer flammenden Rede, die einer Anklage gegen die Ungerechtigkeit der Klassengesellschaft gleichkam.

Die Darstellung von Realität ist immer eine Frage der subjektiven Wahrnehmung der Zeugen - und da ist deren Perspektive oft entscheidend.

Vielleicht hat Watkins weniger gehört, weil er nicht bereit war, mehr zu hören. Dieser „Gelehrte aus Oxford" schrieb aus der Perspektive der peinlich berührten Mächtigen, also für die "Gentlemen", für Adlige und vermögende Bildungsbürger.

Vielleicht hörte aber auch Burdet mehr, weil er mehr hören wollte: Er schrieb mit revolutionärem Zorn aus der Perspektive der Machtlosen für das Volk. Das identifizierte sich natürlich mit der für die involvierten Adligen so lästigen, wohl aus diesem Grund unschuldig zum Tode verurteilten Anne Greene.

Beide aber beschrieben, dass Greene einen letzten Wunsch aussprach: Sie bat Freunde und barmherzige Zeugen darum, dafür zu sorgen, dass ihr Leiden am Strang nicht zu lange dauern möge.

Die Tortur der Exekution

Das war nicht ungewöhnlich. Dass zum Tode Verurteilte gehängt wurden, indem man sie aus größerer Höhe fallen ließ, um ihr Genick zu brechen, war eine spätere, bereits etwas humanere Verfeinerung der Methode. In England setzte sie sich erst Mitte des 19. Jahrhunderts flächendeckend durch.

Bis dahin hängte man Menschen vielerorts einfach auf, indem man sie entweder hochzog oder ihnen eine Leiter, auf der sie standen, wegzog, ohne dass ein Fall involviert gewesen wäre. Beides führte zu einem qualvollen, oft sehr langsamen Ersticken: Der Tod am Strang erfolgte nicht durch Brechen des Genicks, sondern durch das Würgen des Seils.

In zahlreichen dokumentierten Fällen gelang das nicht so schnell. So schilderte auch der englische Puritaner John Winthrop in seinem Tagebuch die zunächst missglückte Exekution einer angeblichen Kindsmörderin.

Als die Frau längere Zeit am Galgen baumelte, ohne davon gesundheitlich in Mitleidenschaft gezogen worden zu sein, habe sie - möglicherweise auf Freilassung hoffend - ihre Henker gefragt, wie es denn nun weitergehen solle.

Die Henker ließen die Frau herab und entdeckten, dass der Knoten der Schlinge nicht zum Hals hin, sondern nach außen gelegen hatte. Sie korrigierten diesen Fehler und zogen die Frau wieder hinauf, wo sie nach einigen weiteren Minuten erstickte.

Andere Zeitzeugen schildern, wie beispielsweise Ehebrecher genötigt wurden, ihre Reue öffentlich kundzutun und die anwesenden Menschen zu Tugend und Wohlverhalten anzuleiten. Erst dann exekutierte man sie - absolut gnaden- und keineswegs kurz und schmerzlos.

Kein Wunder also, dass Greene ihr Wohlmeinende darum bat, ihr Leiden nach Möglichkeit zu verkürzen. Oft sah dieser Gnadenakt von Freunden oder Verwandten so aus, dass sie sich an die Füße der Verurteilten hängten. Es kam aber auch vor, dass Schaulustige die Sterbenden zu ihrem eigenen Vergnügen oder um ihre Abscheu gegen die Verurteilten auszudrücken mit Schlägen traktierten.

So auch in diesem Fall: Am Seil hängend und langsam erstickend malträtierte das Publikum den Körper der Anne Greene mit Faustschlägen und Stößen mit verschiedenen Gegenständen. Ein vermeintlich mitleidiger Mann stieß mehrfach mit dem Kolben einer Muskete auf ihren Körper ein.

Titelseite zu W. Burdet: „A Wonder of Wonders", 1651

Andere "hängten sich mit all ihrem Gewicht an ihre Füße und hoben sie mehrmals an, um sie mit plötzlicher Wucht herabzuziehen und sie damit schneller aus ihrem Schmerz zu expeditieren", heißt es bei Watkins. Rund dreißig Minuten lang ging das zeitweilig so heftig zu, dass der Henker dem Treiben schließlich ein Ende setzte: Er fürchtete, das Seil könne reißen - und Seile waren schließlich teuer!

Als Anne Greene kein Lebenszeichen mehr von sich gab,
ließ man ihren Körper herab und untersuchte sie: Der vom
Gericht dazu bestellte Priester erklärte sie für tot.

Damit war sie das amtlich und unumkehrbar, denn die
Kompetenz in Sachen Leben und Tod lag bei der Kirche,
nicht bei den Medizinern - deren Geschäft waren die
Lebenden.

Zumindest bis zum Ableben, denn die tote menschliche
Hülle galt auch den Medizinern als lehrreich. An ihr ließ
sich studieren, was das Leben aufrechterhielt und
schließlich beendete. Obduktionen allerdings konnten legal
nur an den Leichen verurteilter Verbrecher unternommen
werden.

Für die Leiche der Anne Greene gab es schon eine
entsprechende Bestellung. Man verstaute sie in einem
einfachen Sarg, den man auf einen Karren warf. Wie
vorher verfügt, machte der sich auf den Weg zum Haus
von Dr. William Petty an der Universität zu Oxford.

Denn zum Tode Verurteilte hatten kein Recht auf letzte
Ruhe - sie gehörten der Wissenschaft, wenn die nach
Toten verlangte.

Medizin auf dem Weg zur Wissenschaft

Medizin wurde in Europa seit antiker Zeit systematisch als
Lehre vom Körper unterrichtet. Während das praktische
Chirurgen-Handwerk vor allem von Badern ausgeübt
wurde und als niedere Tätigkeit galt, kümmerten sich die
Mediziner ums Grundverständnis des Körpers - sie

verstanden sich vor allem als akademische "Körper-Gelehrte".

Den menschlichen Körper sahen sie der antiken, sogenannten Säftelehre folgend als Behältnis von Substanzen. Deren Gleichgewicht miteinander, so glaubte man, entschied über Charakter und Gesundheit des Menschen. War dieses gestört, musste man entweder etwas zuführen oder - häufiger – ablassen.

So galten Aderlass und die Hilfeleistung per Klistier über Jahrhunderte als mächtigste Mittel, Krankheiten zu bekämpfen. Wer diese ärztlichen Hilfeleistungen trotz Schwächung durch Krankheit überlebte, war mit einiger Wahrscheinlichkeit robust genug, tatsächlich von allein wieder gesund zu werden.

Doch Anfang des 17. Jahrhunderts kamen die Dinge in Fluss - die sich ankündigende Zeitströmung der Aufklärung begann, immer mehr alte Gewissheiten in Frage zu stellen. Auch die Säftelehre verlor langsam ihre konstatierte Gültigkeit. Die Medizin begann, nach anderen Ursachen und Wirkungen zu suchen.

Denn hatten nicht Pest und andere Epidemien klargemacht, dass Krankheit auch per Ansteckung weitergegeben wurde? Neben "schlechter Luft" wusste man nun auch, dass Berührungen höchst riskant sein konnten. Eines wurde immer klarer: Das Wohlbefinden des Körpers hing nicht von einem imaginierten, inneren Säftegleichgewicht, sondern von vielen, teils mysteriösen Faktoren ab!

Obduktionen spielten bei der Suche nach körperlichen Wirkmechanismen eine wichtige Rolle. Die Öffnung eines frischen Körpers machte Dinge anschaulich, die sonst nur der Vorstellungskraft zugänglich waren. Die Beschau freigelegter Organe machte innere Erkrankungen und Verletzungen sichtbar. Und sie machte klar, dass im Menschen ein System von Organen wirkte, die zueinander in Beziehung und Abhängigkeit standen.

Wenn man so will, machte diese wachsende Erkenntnis das Bild vom Menschen und seiner Gesundheit mechanischer: Versagte ein wichtiges Bauteil, konnte dies Krankheit oder Tod bedeuten. Aber bedeutete das dann nicht auch, dass man Krankheit oder Tod abwenden konnte, wenn man dem versagenden Organ half? Den Menschen quasi reparierte?

In einer Welt, in der man trotz wissenschaftlicher Ansätze das Leben als gottgegeben und sein Ende stets als Schicksal verbucht hatte, waren das revolutionäre Gedanken!

Es brachte Ärzte auf neue Ideen - und auch das war ziemlich neu. Die Medizin hatte über Jahrhunderte sehr, sehr wenig Fortschritt gemacht. Lehre wurde als Weitergabe tradierten, in seiner Wurzel antiken Wissens verstanden. Forschung fand im Grunde selbst an den Universitäten nicht statt.

Dafür sind nicht zuletzt die universitären Obduktionen ein Paradebeispiel. Lange Zeit waren sie einem bizarren Ritual gefolgt. In einem Arena-haft aufgebauten Dissektionssaal - dem "Theater", wie man Operationsräume im Englischen deshalb bis heute noch nennt - saßen die Studenten als Publikum auf erhöhten Rängen über dem Obduktionstisch.

Auf einem Hochstuhl am Kopf des Raumes saß der Dozent und begleitete die von Assistenten erledigte Zerlegung der

Leiche mit einer erbaulichen Lesung aus den anatomischen
Büchern des Galen von Pergamon (129 - 210 AD) oder von
Mondino de Liuzzi (1270-1326).

Das war mehr Zeremonie als Forschung. Der zerlegte
Leichnam diente letztlich nur dazu, die Richtigkeit der
uralten Schilderung physisch zu belegen. Wenn Galen von
der Leber schrieb, hob man die Leber hoch, um sie zu
zeigen. Schilderte de Liuzzi die Lunge, bewies deren
Vorführung die Korrektheit des alten Wissens. So schaffte
man es über Jahrhunderte, neue Erkenntnisse weitgehend
zu vermeiden.

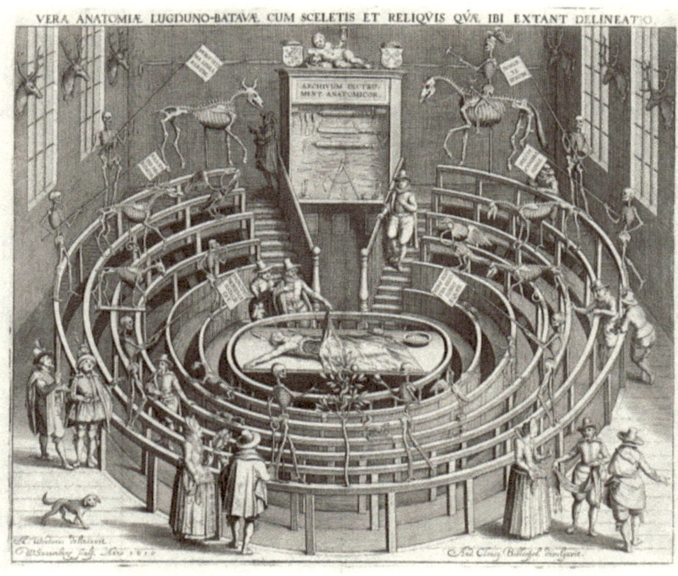

*Willem Swanenburgh: Anatomisches „Theater" der Universität Leiden,
1641*

In England endete das, nachdem im Jahr 1549 König
Edward VI. im zarten, aber offenbar nicht unbedingt

zartbesaiteten Alter von zwölf Jahren einer solchen
Obduktion an der Universität Oxford beigewohnt hatte. Er
befand das Prozedere - beraten von wem auch immer - für
derart bescheuert, dass er die Statuten der Universität
ändern ließ.

Fürderhin, entschied seine aufgeweckte Majestät, sollte
jeder angehende Mediziner nicht nur zwei lehrreichen
Obduktionen als Zeuge beiwohnen, sondern auch zwei
solche Operationen selbst durchführen müssen - mit
eigenen Händen!

Eine bemerkenswert reife Entscheidung, die Potenzial
zeigte, das Edward leider nie entfalten konnte: Er bestieg
den Thron zwar schon mit neun Jahren, starb aber auch,
bevor er 16 Jahre alt wurde. Seine Entscheidung dürfte den
anatomischen Kenntnissen der englischen Ärzteschaft
jedenfalls deutlich Auftrieb gegeben haben. Sie sorgte aber
auch für einen echten Engpass: Man brauchte jetzt jede
Menge Leichen.

Doch das war ein Problem, das Charles I. schon im Jahre
1636 per Edikt gelöst hatte, noch vor seiner Exekution auf
Cromwells Geheiß: Dieser königliche Erlass gab dem
Inhaber des Lehrstuhls für Anatomie an der Universität
Oxford das Recht, jede Leiche eines im Umkreis von 21
Meilen legal hingerichteten Verbrechers zu
Ausbildungszwecken für die Universität zu reklamieren.

Der nicht endgültige Tod der Anne Greene

Am 14. Dezember 1650 forderte William Petty, Professor
für Anatomie an der Universität Oxford, den Leichnam der

wegen Unzucht und Entsorgung einer angeblichen
Totgeburt verurteilten und in den frühen Morgenstunden
hingerichteten Dienstmagd Anne Greene zwecks
lehrreicher Obduktion an. Das Gericht ließ den noch
warmen Körper direkt vom Hinrichtungsort zum Dienstsitz
des eminenten Mediziners überstellen.

Zur Hand gehen sollten diesem als Assistent die jungen
Doktoren Ralph Bathurst (1620-1692), vor allem aber
Thomas Willis (1621-1675: Abbildung unten).

David Loggan: Thomas Willis, circa 1667

Willis sollte selbst Professor für Naturwissenschaft in Oxford und Mitbegründer der später Royal Society of London genannten Wissenschaftler-Vereinigung werden. Obwohl er früh verstarb, gilt er als einer der einflussreichsten englischen Mediziner des 17. Jahrhunderts und einer der Begründer der modernen Neurologie.

Eine kurze, aber strahlende Karriere, die sich ihrem ersten Höhepunkt näherte, als gegen 9 Uhr am Morgen ein Bediensteter im Haus des Doktors Petty den Deckel des Sarges öffnete, in dem Anne Greene lag.

Offenbar war er ein Mensch mit guten Ohren: Er meinte, ein Lebenszeichen der Hingerichteten zu hören.
Hatte die Leiche etwa geatmet?
Hörte man da nicht ein Rasseln in ihrem Brustkorb?

Der Mann tat, was ihm naheliegend und passend erschien: Er begann, der vermeintlichen Leiche auf den Brustkorb zu treten, um sie endgültig aus ihrem Elend zu befreien. In diesem Augenblick jedoch betraten die Mediziner den Raum - und schritten sofort ein.

Statt mit ihrer Obduktion begannen die Männer nun mit etwas ganz Unerhörtem: Dem Versuch, eine offiziell für Tot erklärte Verbrecherin wieder zum Leben zu erwecken.

Die Art und Weise, wie sie das taten, hat ein Stückchen Medizingeschichte geschrieben. Sie arbeiteten gezielt, probierten sukzessive verschiedene Methoden aus und protokollierten akribisch jeden ihrer Schritte und die Reaktionen, die sie erzielten.

Zuerst richteten sie die vermeintliche Leiche auf, öffneten
und fixierten ihren Kiefer. Sie flößten der Frau
Heißgetränke ein, was zu einem Hustenreflex führte.
Davon ermutigt begannen sie, die Hände, Arme und Füße

der Frau zu reiben und zu massieren. Nach fünfzehn Minuten versuchten sie es erneut mit Heißgetränken und kitzelten ihre Kehle mit einer Feder: Daraufhin öffnete die Frau kurz die Augen - ein klares Lebenszeichen!

Zeit für einen Aderlass, befand Mediziner Willis, und öffnete eine Vene. Rund 150 Milliliter Lebenssaft später ging es weiter mit Heißgetränken und Massagen. Als nächstes legten sie Druckverbände an Armen und Beinen an, wohl in der Absicht, den Blutfluss zum Gehirn zu erhöhen. Ein Wärmekissen landete auf ihrer Brust und ein Tabakklistier in ihrem After: So pumpten die Mediziner heißen Nikotin-Rauch in ihren Körper, "um ihre Gedärme zu erwärmen".

All das überlebte die gepeinigte, vermeintlich Hingerichtete und gab auch nach der Behandlung noch schwache Lebenszeichen von sich. Man legte sie in ein Bett und ordnete an, dass sich ein Dienstmädchen zu ihr lege, um sie warm zu halten - wahrscheinlich die beste der gewählten lebensrettenden Maßnahmen. Am nächsten Morgen wollte man sehen, wie sich das alles entwickele.

Die Auferstehung

Das Glück der Anne Greene begann sich zu wenden. Zwölf Stunden, nachdem sie so knapp Henker wie Obduktions-Skalpell entkommen war, begann sie erste Worte zu sprechen. Nach einem Tag, protokollierten die Mediziner, konnte man sie befragen: Sie antwortete auf alles, nur das Erlebnis ihrer Exekution schien aus ihrem Gedächtnis getilgt.

Am vierten Tag nahm sie erstmals feste Nahrung zu sich, und nach nur einem Monat schien sie so gut wie ganz genesen - abgesehen von ihrer Amnesie, die laut Protokoll der Mediziner allerdings ebenfalls rückläufig schien. Greene erinnerte sich an immer mehr Details, nur die eigentliche Zeit am Galgen blieb gnädig gelöscht.

Petty und Willis stürzten sich auf jedes geschilderte wie beobachtete Detail. Sie observierten Hautveränderungen, den Heilungsprozess der durch das Seil verursachten Druckstellen, sie testeten Greenes Sinneswahrnehmungen und prüften ihren Pulsschlag wieder und wieder.

Solange sie nicht oder nur unter Schmerzen sprechen konnte, entwickelten und nutzten sie Gesten und Zeichen, um mit ihr zu kommunizieren. Und mit allerhöchster Aufmerksamkeit beobachteten sie den Verlauf ihres psychischen Traumas: Was und wieviel sie verdrängt hatte, was wann wiederkam und bis zu welchem Zeitpunkt diese mentale Genesung fortschritt.

Neben den medizinischen Protokollen hatten Petty und Willis die gequälte junge Frau auch zu den Umständen befragt, die zu ihrer Verurteilung geführt hatten. Auch in Watkins, aus Adels-freundlicher Perspektive verfassten Bericht ist sie wohl deshalb ohne jeden Zweifel eine unschuldig Verurteilte.

Der stellvertretende Sheriff von Oxford schloss sich dieser Einschätzung bald an und beantragte bei der Gefängnisleitung und dem zuständigen Gericht in Oxford die Aufhebung von Haft und Todesurteil. Die Richter erkannten in der Auferstehung der Gehenkten einen göttlichen Beschluss und verkündeten, sich der Vorsehung nicht entgegenstellen zu wollen. Anne Greene wurde quasi posthum begnadigt - offiziell für tot erklärt bekam sie die Chance auf ein zweites Leben.

Zu diesem Zeitpunkt war sie in der Region längst so etwas wie ein Popstar. Bald nach der Wiederbelebung seiner Tochter hatte sich auch Greenes Vater bei den Medizinern gemeldet und sich das Recht ertrotzt, seiner Tochter Besucher zuzuführen - gegen Eintrittsgeld, versteht sich.

Ihre neue Popularität verdankte Greene nicht nur der Tatsache, dass sie den Galgen überlebt hatte. Der Autor des reißerischen Pamphlets "A Wonder of Wonders" hatte die Behauptung verbreitet, Greene habe das Paradies und Engel geschaut, während sie tot war. Die Schilderung von Nahtod-Erlebnissen sind auch heute beliebtes Futter für Esoteriker und religiös Begeisterte. Man kann sich vorstellen, wie sie in einer Zeit ankamen, als man das Jüngste Gericht quasi täglich, kurz vor dem Abendessen erwartete.

Obwohl sich Greenes angebliche Jenseits-Visionen weder in Willis medizinischen Protokollen fanden, noch in Watkins um Sachlichkeit bemühten Bericht, setzte sich die Legende durch: Fake-News waren auch 1651 schon kräftiger als jede Tatsache.

Es dürfte neben dem Besucherandrang auch Greenes Einkünfte für eine Weile deutlich erhöht haben. Anne Greenes Einnahmen reichten jedenfalls, am Ende ihrer Genesungszeit alle Rechnungen zu begleichen. Man kann wohl davon ausgehen, dass es auch für Papa Greene nicht von Schaden war, sich so intensiv um seine hingerichtete, aber gar nicht so verblichene Tochter gekümmert zu haben.

Als die ihr Krankenlager schließlich verließ, nahm sie den Holzsarg mit, in dem man sie vom Galgen zur Universität transportiert hatte. Für einige Jahre soll sie derart ausgerüstet ihre schaurige Geschichte noch auf Jahrmärkten vermarktet haben.

Es war allerdings ein kürzeres Happy Ending, als man der geschundenen Frau gegönnt hätte. Sie heiratete und bekam drei Kinder, starb aber schließlich schon 1665. Am Ende wurde sie also nur 37 Jahre alt, hatte aber immerhin ihre eigene Hinrichtung fünfzehn Jahre überlebt.

Übrigens ganz im Gegensatz zu ihrem ehemaligen Arbeitgeber und Ankläger Thomas Read, der nur drei Tage nach ihrer "Auferstehung" verstorben war. Geoffrey, der so zeugungsfreudige wie gewissenlose Enkel, starb unverheiratet und kinderlos, ohne weitere Spuren in der Geschichte oder im menschlichen Genom zu hinterlassen.

Burdet, der frühe Boulevard-Schreiber mit der lebhaften Phantasie, feierte Greenes Rettung kaum verholen als Sieg des einfachen Volkes über den dünkelhaften Adel, der glaubte, sich alle Freiheiten herausnehmen zu können - auch dies schon Ausdruck einer kommenden, neuen Zeit.

Der sachliche Watkins war da zurückhaltender. Auch er signalisierte aber deutlich genug, dass es wohl Read gewesen war, der Greenes Verurteilung erwirkt hatte, um eine für seine Familie peinliche Affäre zu beerdigen. Dass der Adelige somit das eigentliche Opfer hatte hinrichten lassen, war für ihn wohl eine Art Kollateralschaden.

Und Cromwell? Der starb 1658 an einem Fieber, das er sich Jahre zuvor auf Irlands Mooren zugezogen hatte – damals war Malaria bis weit in nördliche Gefilde verbreitet.

In Irland, wo Cromwell bis heute als Völkermörder gilt, wird das als späte Gerechtigkeit gesehen. In Großbritannien ist Cromwells Wahrnehmung ambivalenter: Bei einer großen Abstimmung der BBC wählten ihn die Briten 2002 auf Platz 10 der wichtigsten historischen Persönlichkeiten aller Zeiten.

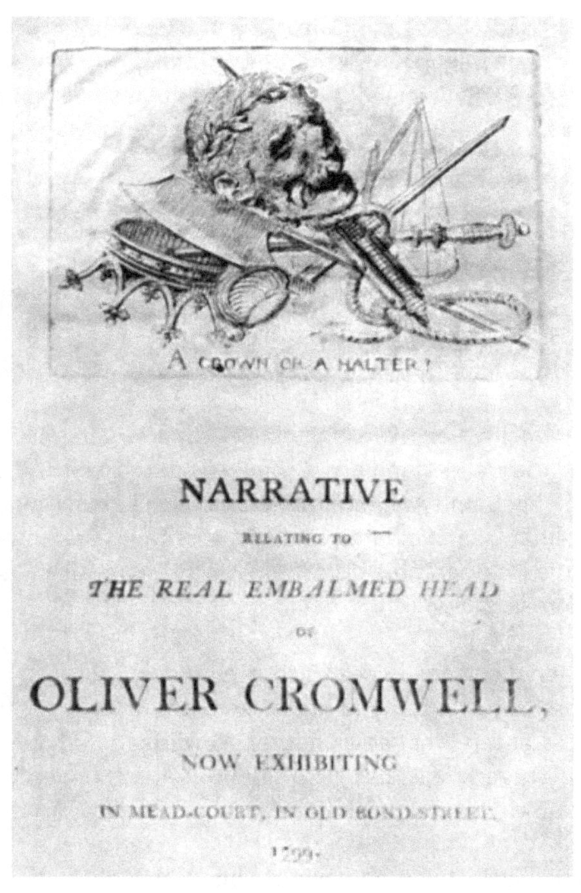

Werbung für eine Ausstellung des Cromwell-Kopfes, 1799

Ihre Vorfahren hatten das zum Ende seiner
Schreckensherrschaft deutlich anders gesehen. Auf
Cromwells puritanischen Gottesstaat folgte die
Restauration der Monarchie.

So groß war der aufgestaute Hass auf die puritanischen
Schreckensherrscher zu diesem Zeitpunkt, dass man
Cromwell und zwei seiner Komplizen 1661 exhumieren
und posthum wegen Königsmordes symbolisch
exekutieren ließ. Cromwells Kopf wurde aufgespießt und
etliche Jahre gegenüber Westminster Abbey zur Mahnung
aufgestellt.

England fand zu seiner bis heute fortbestehenden
monarchistisch-parlamentarischen Normalität zurück,
doch die von Cromwell und den Puritanern eingeleiteten
Veränderungen waren nicht gänzlich zurückzunehmen: Das
Parlament spielte fürderhin eine merklich größere Rolle.

Weniger positiv fielen die langanhaltenden Folgen der
Cromwell-Jahre in Irland aus. Cromwells durch Mord,
Vertreibungen und Annektierungen möglich gemachte
Landgeschenke an Soldaten und schottische Protestanten
hatten die Demographie derart umgewälzt, dass sich das
Land niemals davon erholte.

Hier liegen die Wurzeln des fortbestehenden Hasses
zwischen Protestanten und Katholiken, des ursprünglich
als Protestanten-Staat gegründeten Nordirland und des 30-
jährigen Bürgerkriegs, der die bis heute britisch regierte
Provinz ab circa 1968 erschütterte.

Unerwartete Nachwirkungen hatte aber auch die
Geschichte der Anne Greene.

Teil 2: Die Nachwirkungen eines Nicht-Wunders

Die Geschichte der Anne Greene ist zynisch und heute
erschreckend. Doch dass die Justiz hier fast einen
Gefälligkeitsmord beging, hätte kaum gereicht, Anne
Greene unvergessen zu machen. Dass man sich noch heute
an sie erinnert, hat andere, aus heutiger Sicht
überraschende Gründe.

Denn ihr vermeintlicher Tod, die offensichtlich erhebliche
Schädigung ihres Körpers und ihre Wiederherstellung mit
medizinischer Hilfe hatte über den Skandal, den die
Exekution eines Verbrechensopfers bedeutete hinaus
Bedeutung: Ihre Rettung stellte zahlreiche, uralte
Gewissheiten in Frage!

Über Jahrhunderte hatten Priester entschieden, wer als tot
anzusehen war und wer nicht. Zeigte der Fall Greene nun
nicht aber, dass diese Frage besser von Medizinern zu
klären war?

Kein anderer konkreter Fall einer geglückten
Wiederbelebung hat die Öffentlichkeit des 17. und 18.
Jahrhunderts derart beschäftigt wie der von Anne Greene -
er sollte mehr als hundertfünfzig Jahre nachwirken.

Der Fall wurde in hunderten akademischen und populären Schriften der Zeit zitiert – bis hin zu Schulaufsätzen und Spottgedichten, aus denen schon Watkins in seinem Bericht zitiert.

Viele dieser überlieferten Gedichte verraten zwar extrem wenig Mitgefühl mit dem Opfer. Es hagelt stattdessen Häme über die vermeintliche Tatsache, dass es Frauen sogar gelinge, dem Tod von der Schippe zu springen. Der Täter Geoffrey Read solle sich nun in Acht nehmen, dass ihm die Frau nicht zu Leibe rücke! Ein Weib, das Galgen, Prügel und Mediziner überlebe, könne ihm wohl mächtig einheizen.

Doch neben solchen zeittypischen Zoten rührte der Fall Anne Greene auch an ganz andere, tiefere Gefühle und Ängste. Er warf eine zunehmend drängende Frage auf: Wenn jemand, den man 30 Minuten lang aufhängt, prügelt und nach allen Kräften würgt und dabei erheblich verletzt, bis kein Lebenszeichen mehr zu erkennen ist, wieder aufsteht, woran erkennt man dann überhaupt verlässlich den Tod?

Und wenn diese Person dann noch angeblich schildert, wie sie göttliches Licht sieht und doch zurückkommt: Hieß dies dann nicht, dass der Tod umkehrbar war?

Schon die Frage verschob Autorität und Zuständigkeit für diese elementaren Grundfragen der menschlichen Existenz weg von Kirche und Priestern und den Wissenschaftlern und Ärzten zu.

Taphephobie: Die Angst vor dem Untot

Zugleich verunsicherten solche Fragen die Öffentlichkeit. Wenige Jahre nach der Wiederbelebung Anne Greenes begann in ganz Europa eine Welle der Taphephobie - die Menschen begannen, sich davor zu fürchten, lebendig begraben zu werden.

Immer häufiger tauchte diese Angst nun in öffentlichen Dokumenten, in Liedern und Büchern auf. Über fast zwei Jahrhunderte schaukelte sie sich zu einer Angst vor dem Scheintod auf, die oft im Wortsinn hysterische Züge hatte.

Durchaus sachlich reagierte dagegen die Politik auf die neuen Ängste. Schon 1740 preschte der Franzosenkönig Ludwig XV. vor und stellte den Versuch der Wiederbelebung vermeintlich Verblichener generell straffrei. Bis dahin galt es als strafbares Sakrileg, des Priesters Sachurteil durch (aus religiöser Sicht) unangebrachte Hilfeleistungen anzuzweifeln.

In Österreich, Preußen und England wurden nun Gesetze erlassen, die sogar zu solchen Hilfeleistungen verpflichteten, bis der Tod eindeutig festgestellt wurde! So ließen Regenten in Österreich und England beispielsweise entlang von Flüssen in regelmäßigen Abständen Lebensrettungs-Utensilien aufstellen.

Der Inhalt dieser Erste-Hilfe-Pakete zeigte, dass man vor allem aus dem Fall Anne Greene gelernt hatte: Als wichtigster Hilfsapparat galt nicht etwa ein Rettungsring, sondern das Tabak-Klistier. Denn hatte man der Hingerichteten nicht mit heißem Nikotin-Rauch das Leben zurück in den Körper geblasen?

Doch bald schon ergänzte man die Maßnahmen zur Rettung Ertrunkener um innovative physische Methoden, welche die Erfolgsquoten erheblich erhöhten: So schnallte man die Ertrunkenen bäuchlings auf ein Pferd und ließ dieses dann im Kreise traben, bis der vermeintlich Verblichene das geschluckte Wasser erbrach - oder eben auch nicht.

Immerhin: Allein in Amsterdam gelang der dortigen Lebensrettungsgesellschaft schon in ihrem Gründungsjahr 1767 die Reanimierung von 25 ganz und gar nicht Verblichenen, die man vor dem Fall Anne Greene meist nur aus dem Wasser gezogen und beerdigt hätte.

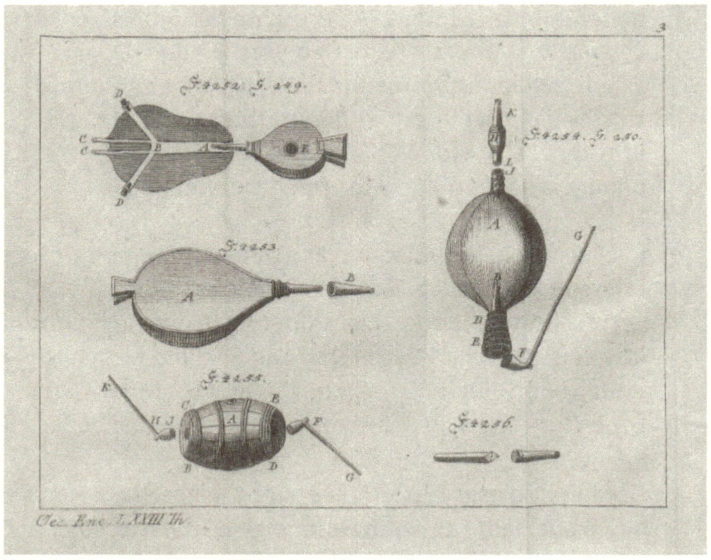

Tabak-Klistier. Museum für Sepulkralkultur Kassel

Die Amsterdamer hatten von Pionieren der Lebensrettung wie dem englischen Arzt Thomas Houlston gelernt. Nach langem Studium und erfolgreicher Tätigkeit, die ihn auch ins Ausland geführt hatte, wurde er Chefarzt am Krankenhaus von Liverpool. Dort verfeinerte er die Techniken, mit denen sich Ertrunkene ins Leben zurückholen ließen.

Houlston hatte seine Lehren offenbar auch aus dem Fall Greene gezogen. 1774 veröffentlichte er seine Grundregeln der Lebensrettung in Reimform, auf dass sich auch Nicht-Fachleute das komplizierte Prozedere mit Leichtigkeit merken konnten:

„Tobacco glyster, breathe and bleede.

Keep warm and rub till you succeed.

And spare no pains for what you do;

May one day be repaid to you."

(„Tabak-Klistiere, beatme und lasse zur Ader.

Wärme und reibe bis zum Erfolg.

Und scheue keine Mühe, weil das, was Du tust;

Dir eines Tages zurückgezahlt werden könnte.")

Prinzipien, die sich die Amsterdamer Lebensretter zu Herzen nahmen. Ihre Gesellschaft wurde so zum Prototypen einer neuen Form von „Anstalten, die der Menschheit die größte Ehre machen" (so Friedrich Benedict Weber 1804 in seinem „Handbuch der Staatswirthschaft") – Gesellschaften, die sich ehrenamtlich um die physische Rettung von Mitmenschen verdient machten.

Die Amsterdamer motivierten ihre Zeitgenossen mit finanziellen Belohnungen zu diesen erfolgreichen Rettungen. Vor allem aber definierten sie ein standardisiertes Wiederbelebungs-Verfahren, das auf der Anwendung von Hilfsmitteln beruhte, die in „Rettungsfässschen aus Palmholz" am Wasserrand bereitgehalten wurden.

Einen Rettungsring (angeblich schon um 1487 von Leonardo da Vinci erfunden) suchte man unter diesen Utensilien noch vergeblich, obwohl auch Thomas Houlston solche aus Kork gefertigten Ringe vorgeschlagen hatte, um es erst gar nicht zum Ertrinken kommen zu lassen. Aus dem Wasser wurden die Opfer stattdessen mittels Haken-Stangen geangelt, von denen die Gesellschaft bis 1800 etwa 600 entlang der Amsterdamer Wasserwege aufstellen ließ.

Jeweils daneben fand man die Rettungsfässer. Ihr Inhalt:

- ein Apparat zum Tabakrauchklistieren
- eine Flasche Branntwein
- Feuerstein, Schwamm und Stahl
- eine kleine Zange
- Brechwurzelpulver
- Lanzetten, Aderlassbinden und weitere Schwämme
- eine Feder (um das Gaumensegel des Opfers zu kitzeln)
- eine Dose Rauchtabak
- ein Messingrohr zur Einführung in den After sowie Reinigungsmaterial dafür

- Hemd, Mütze, Tücher.

Ein Aufwand, der sich lohnte: Bis 1798 dokumentierten die Amsterdamer 1308 erfolgreiche Wiederbelebungen – im Schnitt also fast 47 pro Jahr. Niemand zweifelte nun noch daran, dass zumindest der erst kürzlich eingetretene Tod mit den rechten Mitteln umkehrbar war!

Noch einen Schritt weiter ging der Gelehrte Giovanni Aldini, ein Neffe Luigi Galvanis. Der hatte bekanntlich am 6. November 1780 entdeckt, dass man ein abgetrenntes Froschbein zum Zucken bringen kann, wenn man es mit Anode und Kathode verbindet. Galvani schloss daraus fälschlich, dass *in* dem Froschbein eine wie auch immer geartete Lebensenergie sein müsse.

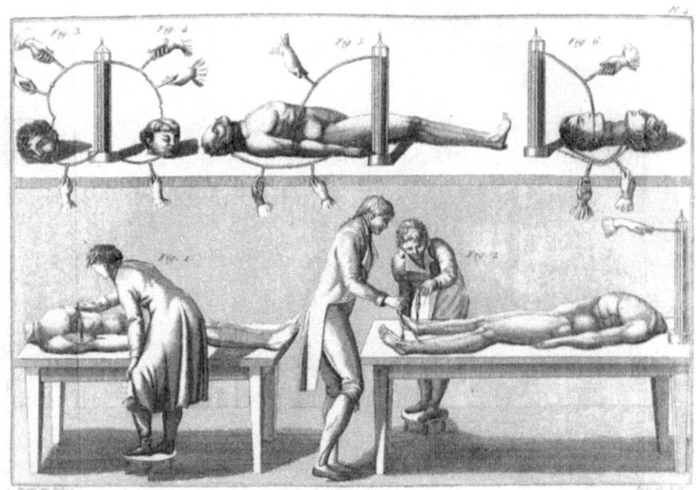

Museum für Sepulkralkultur Kassel

Kurz darauf war jedoch klar, dass es zugeführter elektrischer Strom war, der die „Lebenszeichen" verursachte. Aldini zog daraus den Schluss, dass Strom gleichbedeutend mit Lebensenergie sein müsse: Müsste man da per Stromzufuhr nicht auch Leichen wieder wecken können?

Als Gelehrter an der Universität Bologna bekam er Erlaubnis, mit frisch geköpften Exekutierten zu experimentieren. Bald schaffte er es, abgetrennte Köpfe gezielt zu mimischen Reaktionen zu bringen – ein Schauspiel, dass selbst das hartgesottene Exekutionspublikum derart schockierte, dass Ohnmachtsanfälle nicht selten waren.

Trotzdem: Aldini und eine wachsende Zahl von Elektro-Pionieren gaben in ihren Laboren ihr Bestes, den Tod umzukehren. Es wurde die erste echte Nutzanwendung der zu dieser Zeit schon eineinhalb Jahrhunderte bekannten, bis dahin aber letztlich nutzlosen Elektrizität.

Obwohl die nicht vorhandene Erfolgsquote dieser Pioniere mit genau null erfolgreichen Wiederbelebungen deutlich niedriger lag als etwa die der Amsterdamer Gesellschaft zur Rettung Ertrunkener, dauerte es über 30 Jahre, bis solche Experimente europaweit untersagt wurden.

Ihre berühmtesten literarischen Niederschläge fanden solche Wiederbelebungsphantasien im Roman "Frankenstein" und im Grimmschen Märchen "Schneewitchen".

Das Monster erwacht zum Leben, weil man ihm "medizinisch" Lebensenergie zuführt. Und die vergiftete Prinzessin erwacht nach langer Zeit aus einem Scheintod, nachdem die „medizinische" Ursache ihres Ablebens – der vergiftete Apfel – dem Körper wieder entnommen wird: Er

fällt ihr aus dem Hals, als der Sarg seinen Trägern
entgleitet und hart aufschlägt.

Museum für Sepulkralkultur Kassel

Prompt „erwacht" die zeitweilig am Leben gehinderte
wieder. Bemerkt wird das allerdings nur, weil sie in einem

41

gläsernen Sarg bestattet liegt: Ein Hoch auf den
Sicherheits-Sarg!

Da sah man doch, wie sinnvoll es war,
Sicherheitsmechanismen und Vorsichtsmaßnahmen
anzuwenden, um ein Erwachen aus vermeintlicher
Todesstarre nicht etwa zu verpassen!

Ein Glück auch für uns Märchenleser und Disney-Film-
Seher. Wenn es anders gelaufen wäre, hätte man das
Märchen 200 Jahre später unter dem Titel "Lebendig
begraben" verfilmen müssen.

Tatsächlich stammt die literarische Vorlage für die diversen
Horrorstreifen dieses Namens aber von Edgar Alan Poe,
dem die Angst vor dem Scheintod offenbar höchst vertraut
war: Er verfasste gleich fünf Kurzgeschichten und Novellen
darüber.

Geradezu besessen vom Thema war auch die deutsche
Trash-Dichterin Friederike Kempner (1828-1904). 1903
dichtete sie unfreiwillig komisch in "Das scheintote Kind":

Stürmisch finstre Nacht
Kind im Grab erwacht,
Seine schwache Kraft
Jäh zusammenrafft.
(...)
Streckt die Ärmlein aus,
Hämmert schnell drauf los,
Ruft entsetzt und laut:
"Hört, ich bin nicht tot!"

Da spürt man die blanke Panik des ultimativen Albtraums:
Untot begraben zu werden.

Eine hysterische Modekrankheit

Schon Anfang des 18. Jahrhunderts war diese Unsicherheit über das wahre Ende des Lebens zum Geschäft geworden. Anne Greene und bald darauf eine stetig wachsende Zahl erfolgreich wiederbelebter "Ertrunkener" hatten klargemacht, dass der Tod bis dato viel zu oft viel zu oberflächlich untersucht und deklariert worden war. Klar, dass die Angst davor wuchs, lebendig begraben zu werden, nachdem man das einmal erkannt hatte.

Denn diese Fälle gab es offenbar wirklich: 1905 zählte der Engländer William Tebb Fachberichte aus, die ihm über medizinische Archive zur Verfügung standen. Der Gründer der mittlerweile verblichenen Londoner Gesellschaft zur Verhinderung der vorzeitigen Beerdigung kam auf 219 angeblich gerade noch verhinderte Fälle, 149 vollzogene Lebendbegräbnisse (zu Erkennen etwa an angeblichen Kratzspuren in Särgen), zehn Fälle von Obduktionen an Lebenden und zwei Fälle von Erwachen bei der Einbalsamierung.

Letztlich sind auch das alles anekdotische Zahlen - aber Gerüchte über solche Lebendbestattungen kursierten über Jahrhunderte. Bereits im 18. Jahrhundert soll es in Europa rund 500 meist reißerische Buchveröffentlichungen zu Scheintod und Lebendbestattung gegeben haben - wie heute meist getarnt als "Sachbuch". Insbesondere Seuchentote und Kriegsopfer wurden teils so flüchtig untersucht, dass Erlebnisberichte von sehr vorzeitig

Verscharrten immer wieder die Runde machten.

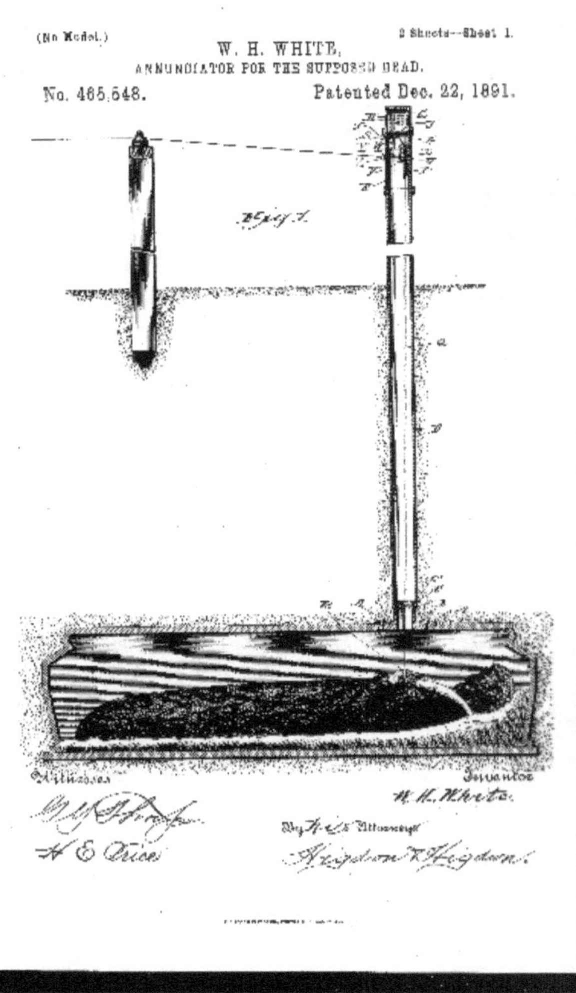

US- Patentschrift eines typischen Sicherheitssarges, 1891

Angeblich war es dann Herzog Ferdinand von Braunschweig-Wolfenbüttel, der 1792 den ersten Sicherheits-Sarg entwarf, mit dem er dieses grausame Schicksal verhindern wollte.

Ferdinand starb bald darauf, ohne die Vorzüge des von ihm entworfenen Sicherheitssarges in der Praxis demonstrieren zu können: Der paranoide Adelige war ziemlich konventionell und tatsächlich gestorben, statt lebendig verscharrt zu werden.

Bis weit ins 20. Jahrhundert hinein produzierten solche Apparaturen, die Sichtfenster, Notausstiege oder Kommunikationsmöglichkeiten für versehentlich Begrabene enthielten, eine unüberschaubare Zahl von Patenten - wurden allerdings eher selten wirklich gebaut.

Modell: Museum für Sepulkralkultur Kassel. Foto: Patalong

Über lange Zeit üblich waren allein Zugseile, über die Vergrabene per Glöckchen auf sich aufmerksam machen sollten (siehe Abbildung) - eine preiswerte Lösung mit ähnlich geringer Erfolgsquote wie die Leichenweckung per Elektrizität.

Als erheblich effektiver erwiesen sich andere Maßnahmen. In Preußen baute man Ende des 18. Jahrhunderts beheizte Aufbahrungshallen. Tote wurden dort deponiert, bis die Verwesung einsetzte.

Die Idee dahinter brachte Friedrich Benedict Weber in seinem Handbuch, Kapitel 69 („Von Verhütung des Lebendigbegrabens der Scheintodten") knackig auf den Punkt: „Das einzige gewisse Kennzeichen des Todes aber ist die eintretende Verwesung, die sich nicht nur durch den Geruch, sondern auch durch die von selbst geschehende Ablösung der Oberhaut an mehreren Stellen des Körpers zeigt. Die übrigen Kennzeichen sind (...) trüglich", weil sie auch bei tiefen Ohnmachten eintreten könnten.

Erst wer stank, galt also offiziell als tot. Die beheizten Hallen dienten dazu, diese Nasen-Diagnose zu beschleunigen. Und sollte doch einmal jemand aufwachen, hätte der an seiner Bahre ein Zugseil gefunden, mit der er eine Alarmglocke hätte auslösen können. Passiert ist das offenbar niemals – der Tod erwies sich auch vor rund 200 Jahren meist als ziemlich endgültige Sache.

Was die Beliebtheit der geruchsstarken Totenhäuser nicht schmälerte. Noch Arthur Schopenhauer verfügte per Testament, nicht eher begraben zu werden, als dass sein Tod riechbar werde.

Manchem Taphephobiker war das noch nicht sicher genug. Mediziner wurden zu immer gründlicheren Untersuchungen gedrängt. Sie hielten Spiegel vor Mund und Nase, um Atmung durch Beschlag festzustellen. Sie führten weiter Tabak-Klistiere ein und kitzelten die Mandeln Verstorbener mit Federn - alles tatsächlich Maßnahmen, die so manchem temporär Komatösen das Leben gerettet haben dürften.

Und wer ganz sichergehen wollte, stellte eben den Tod sicher: Hans-Christian Andersen und Alfred Nobel verfügten testamentarisch, dass man ihnen nach dem Tod die Pulsadern aufschnitt.

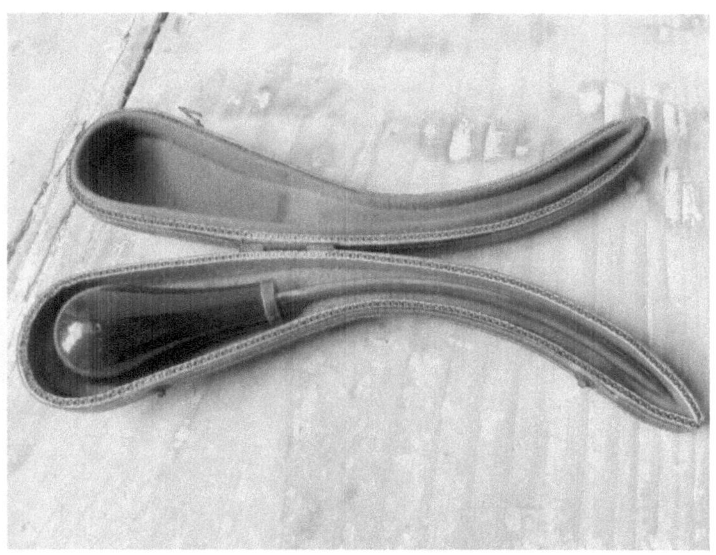

Museum für Sepulkralkultur Kassel

Der Dichter Arthur Schnitzler entschied sich dagegen wie viele seiner Zeitgenossen für den sogenannten Herzstich.

Der galt als sicherster letzter medizinischer Akt: Ein vom Arzt direkt ins Herz geführtes Skalpell oder eine gebogene Nadel stellten sicher, dass man nicht lebendig begraben wurde.

Ist all das seltsam? Kaum: Die Diskussion um die Grenze von Leben und Tod läuft bis heute weiter. Inzwischen wird sie über Hirnwellenmessungen entschieden, zumindest zurzeit: Gerade die Apparatemedizin hat die Abgrenzung zwischen Leben und Tod letztlich schwerer gemacht als je zuvor.

Vom selben Autor

Die ersten ihrer Art: Die viktorianischen Dinosaurier des Crystal Palace, London

Der erste deutschsprachige Führer zu den ersten Dinosaurier-Skulpturen der Welt - Statue für Statue, Spezies für Spezies: Eine Reise zu den Anfängen der Naturwissenschaften.
140 Seiten, BOD, 5,99, eBook 99 Cent.
ISBN 978-3734799006

Der viktorianische Vibrator: Törichte bis tödliche Erfindungen aus dem Zeitalter der Technik

Seit-, Um- und Irrwege der Technologieentwicklung im 18., 19. und frühen 20. Jahrhundert: Von achträdrigen Autos, radioaktiven Erfrischungsgetränken, Beinenthaarung per Röntgenstrahlung und anderen Innovationen, die man sich besser gespart hätte.
288 Seiten, Lübbe, 12,99 Euro, eBook 8,49 Euro.
ISBN 978-3404607228

Dat Schönste am Wein is dat Pilsken danach: Die wunderbare Welt des Ruhrpotts

Sehr subjektive Jugenderinnerungen an zwei Ruhrgebiete verschiedener Zeit - mitten im und nach dem "Strukturwandel".
272 Seiten, Lübbe, 8,99 Euro, eBook 7,49 Euro.
ISBN 978-3404607754

Frank Patalong

ist Journalist und Buchautor.

Seine Texte erscheinen bei SPIEGEL Online, SPIEGEL Wissen und Geschichte. Sein besonderes Interesse gilt den „schrägen" Themen. Anne Greene begegnete er, als er die Historie der Taphephobie-Hysterie recherchierte.

www.patalong.info